LA FRANCE

AUX

CROISADES,

PAR

EUGÈNE ASSE,

LAURÉAT DE L'ACADÉMIE FRANÇAISE.

OUVRAGE ORNÉ DE 30 GRAVURES.

PARIS,

LIBRAIRIE DE FIRMIN-DIDOT ET Cᵉ,

IMPRIMEURS DE L'INSTITUT, RUE JACOB, 56.

1888.

LA FRANCE

AUX

CROISADES.

LA FRANCE

AUX

CROISADES,

PAR

EUGÈNE ASSE,

LAURÉAT DE L'ACADÉMIE FRANÇAISE.

OUVRAGE ORNÉ DE 60 GRAVURES.

PARIS,

LIBRAIRIE DE FIRMIN-DIDOT ET Cⁱᵉ,

IMPRIMEURS DE L'INSTITUT, RUE JACOB, 56.

1888.

LA
FRANCE AUX CROISADES.

CHAPITRE PREMIER.

Caractère, origine des Croisades. — Le concile de Clermont.
Pierre l'Ermite. — Le pape Urbain II.

1095.

Il ne faudrait pas croire que ce grand mouvement militaire qui s'est appelé dans l'histoire LES CROISADES, ait été produit par un farouche élan de fanatisme religieux, précipitant l'Occident chrétien contre l'Orient mahométan. La vérité, c'est que les croisades furent la défense légitime de la civilisation latine et chrétienne contre l'invasion des sectateurs de l'Islam. Menacés dans leur existence sociale et religieuse par un nouveau flot de soldats du Coran, qui battait déjà les murs de Constantinople, les peuples d'Occident portèrent la guerre sur le territoire même de leurs ennemis.

Au huitième siècle, Charles Martel avait écrasé à Poitiers les Sarrasins d'Espagne, et mis, de ce côté, l'Europe pour jamais à l'abri des invasions musulmanes;

au onzième siècle, la conquête du saint sépulcre et la fondation du royaume de Jérusalem furent comme une digue défensive élevée contre la marée montante des Turcs Seldjoucides, ce dernier ban des fanatiques enfants de Mahomet.

Chateaubriand l'a dit très bien : « Les Sarrasins avaient menacé l'Europe de leur joug trois siècles avant que l'Europe prît les armes contre eux : leur migration, sortant de l'Arabie, conquit la Syrie et l'Égypte, s'avança le long de l'Afrique d'Orient en Occident jusqu'au détroit de Gade, passa ce détroit, inonda l'Espagne, surmonta les Pyrénées, et ne s'arrêta qu'au milieu des Gaules contre l'épée de Karle le Martel. Trop occupées alors, les populations chrétiennes remirent à un autre temps la vengeance ; mais quand ce temps fut venu, elles s'ébranlèrent à leur tour, se portèrent d'Occident en Orient par l'Europe, traversèrent le Bosphore, allèrent attaquer les enfants du Prophète aux lieux mêmes d'où ils étaient partis. Je ne sache pas de plus grand spectacle que ces invasions des peuples de l'Asie et des peuples de l'Europe marchant en sens opposés, les uns sous l'étendard de Mahomet, les autres sous l'étendard du Christ, autour de cette mer qu'avait bordée la civilisation grecque et romaine. »

C'est la seconde partie de ce grand spectacle dont nous allons mettre sous les yeux du lecteur les scènes les plus caractéristiques, les plus grandioses.

Dans les Croisades, c'est à la France qu'appartient le plus grand, le plus beau rôle ; c'est sur son sol que naquit ce grand mouvement. C'est elle qui mit aussi le plus

Fig. 1. — Façade de l'église du Saint-Sépulcre; à Jérusalem, état actuel, d'après une photographie.

de persévérance, comme le plus de générosité, de désin-téressement dans son action. C'est bien d'elle et d'elle seule qu'à cette époque l'on peut dire, en écrivant son histoire : *Gesta Dei per Francos.*

C'est pourquoi nous intitulons ce livre : LA FRANCE AUX CROISADES.

Les Croisades furent par-dessus tout une idée, une gloire française. Elles ont été provoquées par un pape français, Urbain II, dont récemment on inaugurait la statue à Châtillon. Elles furent décidées par un concile français, celui de Clermont ; prêchées par des religieux et des prêtres français, Pierre l'Ermite, saint Bernard, Foulques de Neuilly ; elles ont eu pour chefs des héros et des princes de naissance et d'origine française, des rois tels que Louis le Jeune, Philippe-Auguste et saint Louis. Elles ont vu fonder à Jérusalem une chevalerie française, une royauté, des institutions et des mœurs, on peut le dire, toutes françaises ; elles ont établi et propagé dans tout l'Orient l'influence française.

C'est depuis les Croisades qu'en Orient le nom de Francs sert à désigner tous les Européens de race latine.

Un habile archéologue, M. Melchior de Vogüé, a démontré que ce n'était pas seulement la société du moyen âge, avec les institutions militaires, ecclésiastiques et féodales, que les croisés avaient transportée en Palestine, mais encore l'architecture de la mère patrie. « Les constructeurs venus à leur suite, dit ce savant, ou pris dans leurs rangs, transplantèrent au milieu des édifices byzantins et arabes les églises françaises, avec leurs nefs hautes et allongées, leurs bas côtés, leurs systèmes de voûtes, enfin tous leurs éléments essentiels. Au point de vue des arts, comme au point de vue politique et militaire, le caractère des Croisades fut essentiellement français. »

Cette œuvre, française entre toutes, ne naquit pas, n'éclata pas tout d'un coup. Elle fut comme le résultat progressif mais forcé, nécessaire, d'un sentiment resté toujours vivace en France depuis la grande bataille de Poitiers (732). La crainte et la haine des musulmans n'avait jamais cessé depuis cette époque. Les événements qui se passaient en Espagne et en Italie entretenaient chez le peuple la pensée d'une grande lutte prochaine contre l'Islam. Comme le remarque Michelet, il y avait déjà longtemps qu'on lui parlait de guerre vengeresse. La vie de l'Espagne n'était qu'une croisade : chaque jour on apprenait quelque victoire du Cid (1029-1099), la prise de Tolède ou de Valence. La conquête de la Sardaigne et de la Corse, par les Génois et les Pisans, était comme un encouragement à porter au cœur même de l'Orient musulman les armes chrétiennes.

Mais parmi ce qu'on pourrait appeler les préliminaires des Croisades, il faut surtout compter les pèlerinages. Les Croisades, on a pu le dire non sans justesse, n'ont été que la conséquence et la continuation de ces anciens pèlerinages à Jérusalem, qui depuis les premiers siècles de l'Église n'avaient jamais cessé. Les pèlerins de l'époque antérieure sont les véritables ancêtres des

Godefroi de Bouillon, des Renaud, des Tancrède,
comme l'a savamment montré M. Martial Delpit. Les
récits des pèlerins, racontant les souffrances et les op-
probres de leurs frères d'Orient, avaient déjà enflammé
les imaginations, quand retentit à Clermont le grand
cri : *Dieu le veut !* Les esprits étaient préparés lorsque
la voix de Pierre l'Ermite précipita l'Europe sur l'Asie.
De nombreux récits de ces pèlerinages nous ont été
conservés. Les plus célèbres sont ceux de Mélanie l'An-
cienne, et de Mélanie la Jeune, de sainte Paule, de

Fig. 2 et 3. — Monnaies chrétiennes-arabes des rois normands de Sicile.

l'impératrice Eudoxie, d'Antonin de Plaisance, d'Ar-
culphe, du pèlerin de Bordeaux au quatrième siècle.

C'est un pèlerinage à Jérusalem qui devint la cause
de la conquête de la Pouille et de la Sicile par les Normands sur les Sarrasins.

En 1016, quarante Normands en habits de pèlerins,
revenant de Jérusalem, abordèrent à Salerne : c'étaient
des hommes de haute taille et qui se faisaient remarquer
par leur grande mine et par leurs armes. Trouvant cette
ville assiégée par les Sarrasins, ils demandèrent à Gui-
mar, qui était alors prince du pays, des chevaux et des
armes, et fondirent tout à coup sur eux ; ils en tuèrent
plusieurs, mirent les autres en fuite, et remportèrent

une victoire complète. Le prince leur fit de grands présents, et les pressa de rester auprès de lui ; mais les pèlerins refusèrent, en disant qu'ils n'avaient agi que par amour de Dieu, et déclarèrent qu'ils ne pouvaient rester. Le prince envoya alors avec eux des ambassadeurs en Normandie, et les chargea des fruits du pays, invitant ainsi les Normands à venir dans la contrée qui les produisait. Dix-sept ans plus tard, les fils de Tancrède de Hauteville, suivis de quelques centaines de compagnons, conquéraient la Pouille, la Calabre et la Sicile contre les Grecs et les Sarrasins, et s'en formaient un royaume (1053), dont le pape Hildebrand leur donnait l'investiture.

Au onzième siècle, ces pèlerinages en Terre sainte étaient devenus encore plus fréquents, parce que l'Église les substitua alors aux anciennes pénitences publiques. Le voyage de Palestine fut l'expiation la plus ordinaire imposée à ceux qui violaient les lois, et le vœu le plus ardent de ceux qui les observaient. Ces pèlerinages, en devenant plus fréquents, en réunissant des pèlerins plus nombreux, prirent aussi graduellement un caractère qui se rapprochait presque de celui des expéditions militaires.

Entre ces derniers pèlerinages et les premières croisades, on trouve bien des traits de ressemblance. Un abbé de Saint-Vannes, de Verdun, conduit 700 pèlerins à Jérusalem ; un peu plus tard, en 1054, l'évêque de Cambrai, 3,000 ; dix ans après, en 1064, plus de 6,000 pèlerins germains font le même voyage. La route la plus ordinaire des pèlerins était devenue la

Fig. 4. — Robert Ier, duc de Normandie, atteint d'une maladie pendant son pèlerinage à Jérusalem (1035), se fait porter en litière par des nègres; d'après une miniature du XVe siècle.

vallée du Danube, depuis que la conversion au christia-
nisme des rois de Hongrie avait créé aux pèlerins des
amis dans ces contrées autrefois barbares. Les plus
hauts barons, au onzième siècle, accomplissent le pèlerinage de Jérusalem : c'est Foulques Nerra, comte
d'Anjou, le duc de Normandie, les comtes de Flandre,
de Verdun, de Barcelone.

On comprend combien les récits de ces pèlerins, de
retour dans leurs foyers, devaient émouvoir les cœurs
au tableau des malheurs des chrétiens d'Orient dont ils
venaient d'être témoins. À la voix des pèlerins s'unis-
sait souvent celle de la papauté, déplorant les calamités
dont les infidèles devenaient la cause pour la Terre
sainte. En 1009, lorsque l'église du Saint-Sépulcre avait
été renversée par un kalife fatimite, descendant d'Ali,
le pape Sergius IV avait adressé une lettre au clergé et
aux princes pour les engager à secourir leurs frères d'O-
rient. Quelques années auparavant (1002), Silvestre II
s'était écrié : « Soldats du Christ, levez-vous ! Il faut
combattre pour lui. » On voyait poindre là la première
idée des Croisades.

La douleur, la crainte de l'Europe chrétienne redou-
blèrent lorsque l'on apprit que Jérusalem était tombée
au pouvoir des Turcs Seldjoucides, qui l'avaient inon-
dée de sang et couverte de ruines (1076). Prise par les
Arabes, sectateurs de Mahomet, en 637, elle avait
cependant conservé, surtout depuis Charlemagne dont
le grand nom protégeait les chrétiens jusqu'en Orient,
une certaine liberté religieuse. Mais, au dixième siècle,
le joug s'était appesanti sur elle, lors de sa conquête par

les sultans fatimites du Caire. Au onzième siècle, de nouvelles calamités vinrent fondre sur elle avec l'invasion des Turcs Seldjoucides, « cette enclume qui devait peser sur toute la terre », suivant l'expression de Guillaume de Tyr. Sortis des contrées situées au delà de l'Oxus, ces peuples guerriers s'étaient emparés de la Perse sur les sultans de Bagdad, et avaient embrassé l'islamisme sous leur chef Togrul-Bey. Les successeurs de ce prince, Alp-Arslan et Maleck-Chah, conquirent la Syrie sur les sultans du Caire, et s'avancèrent vers le Bosphore par l'Asie Mineure. Pendant qu'une de leurs hordes s'établissait à Nicée, presque en face de Constantinople, celle qui dominait par la terreur son prétendu protégé le kalife de Bagdad, entrait dans Jérusalem et désolait la Palestine sous les ordres de Toutousch et d'Ortock. La garnison égyptienne de la Ville sainte fut massacrée ; les mosquées et les églises furent livrées au pillage. Jérusalem nagea dans le sang des chrétiens et des musulmans chiites, que les Turcs exécraient également, les uns comme adorateurs du Christ et les autres comme sectateurs d'Ali.

L'illustre pape Grégoire VII conçut alors l'idée d'une vaste union de toute l'Europe chrétienne contre l'islamisme, qui menaçait de nouveau la chrétienté. « Les maux des chrétiens, disait-il dans une lettre, l'avaient ému jusqu'à lui faire désirer la mort ; il aimait mieux exposer sa vie pour délivrer les Saints Lieux, que de commander à tout l'univers. » Son dessein était de se mettre lui-même à la tête de cette croisade. La mort l'arrêta dans ce projet (1085). Son successeur, Victor III, éleva aussi la voix pour, susciter des défenseurs aux chrétiens d'Orient ; mais tout se borna à une descente des Génois et des Pisans sur la côte d'Afrique, où ils livrèrent quelques combats aux infidèles, dans l'intérêt de leur commerce maritime bien plus que de la religion.

Cette grande idée devait être réalisée par un pape français, Urbain, et par un religieux français, Pierre l'Ermite.

Pierre l'Ermite, originaire de Picardie, issu peut-être d'une famille noble, après s'être passionné d'abord pour les lettres et les armes, s'était retiré parmi les cénobites les plus austères, et avait entrepris un pèlerinage à Jérusalem. Il en était revenu, plein de l'idée d'une croisade qu'il se mit aussitôt à prêcher en France d'abord, et ensuite dans presque toute l'Europe. Monté sur une mule, un crucifix à la main, les pieds nus, la tête découverte, vêtu d'un long froc de l'étoffe la plus grossière, il allait de ville en ville, enflammant les populations de son ardente éloquence. Elles se pressaient sur ses pas et arrachaient des poils de sa mule pour les garder comme reliques.

De son côté, le pape Urbain II convoquait un concile général pour statuer sur les destinées des chrétiens d'Orient. Ce premier concile, tenu à Plaisance (mars 1095), bien qu'il ait réuni plus de deux cents évêques et archevêques, quatre mille ecclésiastiques et trente mille laïques, n'avait pas cependant eu de résultats décisifs pour la guerre contre l'Islam. Urbain résolut alors d'assembler un second synode au sein d'une nation